पंक्तियाँ मेरे मन की

कविता-संग्रह

डॉ गौरव

BookLeaf Publishing
India | USA | UK

Made with ❤ on the BookLeaf Publishing Platform
www.bookleafpub.in
www.bookleafpub.com

Dedication

यह पुस्तक मेरे नाना जी स्व० हरिलाल मेहता
को समर्पित है जिन्होंने मुझे लिखने के लिए
प्रेरित किया।

Acknowledgement

इस किताब "पंक्तियाँ मेरे मन की" को लिखने में सबसे अहम भूमिका निभाने वाले bookleaf publishing company का आभार प्रकट करता हूँ। और अपने माता, पिता, भाई, मित्र जिन्होंने लिखने के लिए हमेशा हौसला बढ़ाया इन सबों के प्रति आभार प्रकट करता हूँ। समय एवं परिस्थितियों को जो मुझमें ऐसे भाव लाए उनके प्रति भी आभार प्रकट करता हूँ।

Preface

यह कविता संग्रह मेरे द्वारा लिखी गए कुछ कविताओं का संग्रह है। यह किताब मेरा एक प्रथम प्रयास है अपने भाव अभिव्यक्ति का। सभी पाठकों से उम्मीद है कि एक बार सारी कविताओं को पढ़ें। इस कविता संग्रह में श्रृंगार, प्रेम, विरह, उम्मीद, हौसला, प्रकृति पर कुछ लिखने का प्रयास मैंने किया है। कविता की शुरुआत स्वयं के परिचय में एक कविता से है। कुछ कविता हमारे रिश्ते, माता-पिता पर हैं।

पाठकों से पुनः अनुरोध है कि एक बार इस पुस्तक को पढ़ें, पढ़ कर हमें हिम्मत दें और जो भी सुधार की आवश्यकता हो सुधार हेतु मार्गदर्शन करें।

धीरे मैं

उम्र मेरी अभी कविता में कुछ कम है
शब्दों के संचय भी कुछ कम हैं
भाव के सागर पड़े हैं
व्यथा भी गहरी है
उतर रहा हूँ धीरे मैं
उपवन में पुष्प बहुत हैं
सुरभित सौरभ आकंठित हैं
पी रहा हूँ धीरे मैं
जीवन की राह में योजनों
चलना पड़ सकता है
लक्ष्य के संदर्भ थपेड़े
सहना पड़ सकता है
शब्दों के रस्ते आगे
बढ़ रहा हूँ धीरे मैं
इंद्रधनुष से रंगीन
श्रृंगार लिखना होगा
अप्सरा से सुंदर कल्पना
है धरा पर लिखना होगा
हृदय चक्षु से देख रहा हूँ धीरे मैं
निराशा की काली रातें
दिख रहीं हैं जग में
क्या टिकेंगे ये आशा के

दिनकर के मग में?
सत्य लिखने की चिंगारी से
सुलग रहा हूँ धीरे मैं।

वो

सुंदरता से अति सुन्दर
ये मन जवां जो सहसा देखा
नागिन सी चोटी ने खींची
एक सहज वक्र छवि रेखा।

वो मादक मनमोहक नयना
देख मेरे हुए निश्चल नयना।
देखा सुगढ़ जो बदन को मैंने
ठहर गए मेरे पुलकित तन मन।

अब जग से कुछ चाह नहीं है
अब दुनिया की प्यास नहीं है
प्रेमकोष अब लूटेगी उनपर
जो हृदयनिधि रस छलकाया है।
अंतर्मन अब कहेगा क्या?
जब उर का सहज समर्पण पाया है!

तू मधु सी प्यारी रे

तुमसे जो दो शब्द हुए थे
ओ गोरी वो प्यारी रे
आँखें अब सोना न चाहे रात भर सारी रे
सपने भी अब क्या देखें,
बात औरों से क्या करें
खुद से ही बातें कर-कर
सपने हो गए भारी रे
तुमसे जो दो शब्द हुए थे
ओ गोरी वो प्यारी रे।

तेरे नशीले शब्द प्यार के
व्यसनी बनाया तेरी अदा का
न उतरी है तब से अब तक
तेरी वो खुमारी रे
तुमसे जो दो शब्द हुए थे
ओ गोरी वो प्यारी रे।

परवाह वाले वो भाव तेरे
बैठ गए हैं अंतर्मन में
आ जा जीवन बन जा मेरी
तू मधु सी प्यारी रे
तुमसे जो दो शब्द हुए थे
ओ गोरी वो प्यारी रे।

अब लिख दूँ आ तुमको मैं,
आ रच दूँ मैं तुमको ही
प्यार है नहीं स्याही रे
कुछ नहीं अब जग से मांगू
गीत के किरदार में
जो अब मिल गई हो,
प्रियतम तू मेरी रे।
तुमसे जो दो शब्द हुए थे
ओ गोरी वो प्यारी रे।

मैं शब्द कहाँ से लाऊँ माँ

तू जननी इस जीवन की
माता तुम्हें जग कहती है
जिस जीवन के मूल में
सुख बच्चे का बसता है,
माँ शब्द ही संपूर्ण है ,माँ
तेरा किरदार लिखना मैं चाहूँ
पर मैं शब्द कहाँ से लाऊँ माँ।

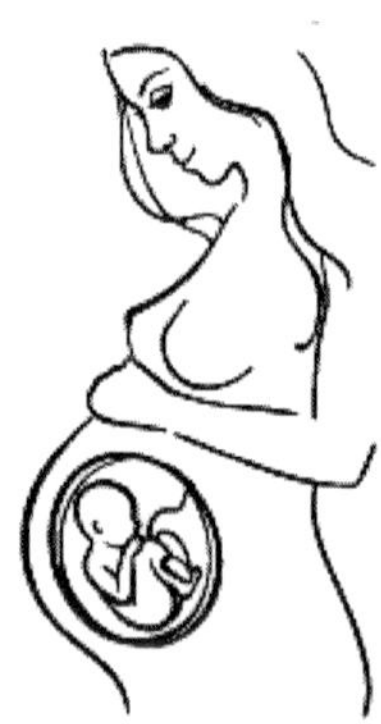

तू ममता की श्रेष्ठ देवी
तू अशेष हो जग में माँ
तुमने बिठा नौ माह कोख में
जो मुझमें प्राण पिलाया है
वह वैभव मैं कहना चाहूँ
पर शब्द कहाँ से लाऊँ माँ।

ईश्वर, जिनको सबने पूजा
ईश्वर ने भी तुमको पूजा
मैं अपनी हद कहाँ से लाऊँ माँ
तू क्या है बतलाने को
मैं शब्द कहाँ से लाऊँ माँ।

भाग्य नियति में नहीं मिली तुम

भाग्य नियति में नहीं मिली तुम
पर हृदय में पड़ी हुई हो
साथ ज़िंदगी में नहीं चली तुम
हर मंज़िल पर खड़ी हुई हो।

यूँ व्यतीत थे खाड़ा जीवन
मधु तुम्हें मैंने बनाना चाहा
मधु मेरी तो नहीं बनी तुम
पर प्रेमरस बनी हुई हो।
भाग्य नियति में नहीं मिली तुम
पर हृदय में बसी हुई हो

खड़ी रही हो स्वप्नों में मेरे
कई काल से कई समय तक
जाग्रत क्षण में नहीं प्रकट तुम
पर आँखों में बसी हुई हो।
भाग्य नियति में नहीं मिली तुम
पर हृदय में बसी हुई हो।

जब शब्द मेरे हो सुर मुरली कान्हा से
तो भाग्य अलग क्यों नियति अलग हो
रुक्मणी तो नहीं बनी तुम
पर राधिका बनी हुई हो
भाग्य नियति में नहीं मिली तुम
पर हृदय में पड़ी हुई हो
साथ ज़िंदगी में नहीं चली तुम
हर मंज़िल पर खड़ी हुई हो।

पिता हमारा साया है

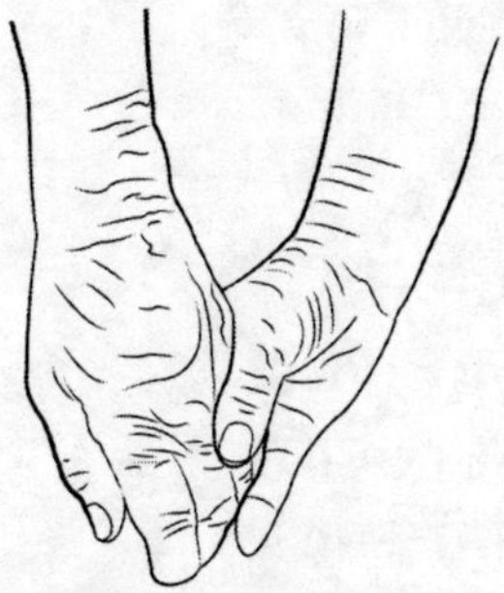

थाम कर उंगली जिनके बचपन बीता
कंधे पर बैठकर वो बालकपन बीता
जिन्होंने प्रेम वात्सल्य से हमको सींचा।
वो सफल कर्तव्यनिष्ठ
पावन आँखों के हम सपने
वो अनुभव के सरल ग्रंथ,
जिनमें दिखती नैतिकता
अपने प्रिय के शुभ निर्माण में
वो डाँट डपट वो दंडित करना
अनुशासन की कठोर दिशा में
सरल जीवन की राह बनाना
वो धुरी हर घर समाज के,
जिनपर चल हमने जग देखा
निर्भीक हो हर पग उठते हैं,
जिनके रहने के एहसासों से।

कर सम से निर्माण हमें
जिन्होंने झेल विषमता,
खुद को दांव लगाया है
वो मूर्त रूप देवता के
जो हमें जग में लाए हैं
मर्यादा की सीमा को
खुद से ध्यान कराया है
वो पिता हमारा साया है,
वो पिता हमारी काया है
जिस बड़े वट की छाँव में
ये जीवन हमने पाया है
हूँ कृतज्ञ उन शुभाशीष से
जो अब तक हमने पाया है
वो पिता हमारा साया है
वो पिता हमारी काया है।

बसन्त कह रहा है

नीले अम्बर के साये में
बसंत की फ़िज़ा और
बयार में झूमते पेड़ों की
टहनियों की सरसराहट
कुछ बयां कर रही है,
मौसम प्यार का यही है यही है।

ये बसंत की वादियाँ और
आंखों में चाहत के सपने
खिलते फूलों की मुस्कान
दावा कर रही है मोहब्बत का!
शायद वो सही है सही है।

सुनहरी धूप, मंद-मंद हवा
स्पर्श कर रही
मेरे तन को, मेरी चेतना को,
नियंत्रित तापस हमें सिखा रही
जीवन का सच,
प्रेम का भावार्थ
कि जो एहसास
हृदयभाव से व्यक्त हो
प्यार वही है वही है।

ये शरद ग्रीष्म की सेतु ऋतु
के नैसर्गिक माहौल
चमन में कामुक रस घोल रहे
ये मधुमास वाच रहा है
बिछड़े प्रियतम की
मद भरी वो मधु आँखें
पीने का मौसम यही है यही है।

प्यार के कुछ अंश शेष

बिछड़ गए कुछ
सोपान चढ़कर
हाथ हाथ से छूट गए
न जाने कब किस
बात बात से टूट गए
पर याद में हैं कुछ वो
गंध मेहँदी के अवशेष
रह गए जो प्यार के
कुछ अंश शेष।

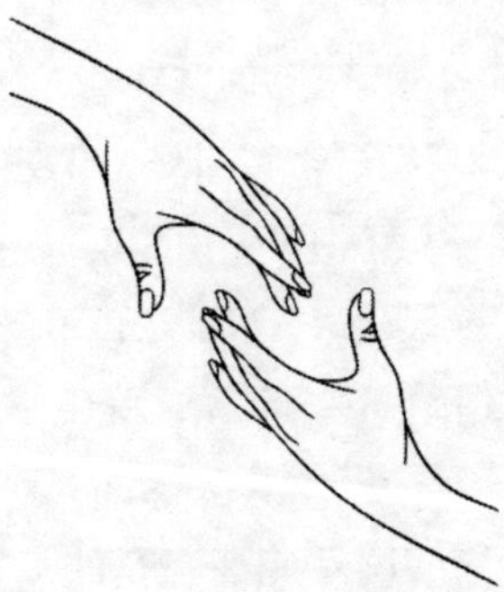

कलिका कुसुम बनकर
उपवन में हँसने को थी
भौरों से मिलने को थी
न जाने माली कब
अंकुश लगा बैठा
बनी कुसुम पर रही वो
विरह के कुछ दंश शेष
रह गए जो प्यार के
कुछ अंश शेष।

जब प्रणय अंजाम पहुँचता

तेरी चूड़ियों की खनखन,
पायलों की छमछम
वो सब सुनने को जी करता है
ये तो हासिल नही प्रारब्ध मुझे
बस तुम्हें लिखने को जी करता है।
मेंहदी तुम रचती रहती
मैं तुमको रचता रहता
बार-बार वो पढ़ते तुम
एक बार जो मैं लिखता।
तेरे सुमधुर रसाल होंठ को
मान मधुरस मैं पीता
नयन तुम्हारी गंगा में मैं
पवित्र चित्रित खुद को देखता
गर कभी जल छलक जाता तो
रिश्ता और पूजनीय हो जाता।
कोमल कर तेरी लक्ष्मी सी
लिए हाथ में अपने मैं

स्वयं को अति समृद्ध मानता
तेरी सुंदर भागवत काया को
मान ईश्वर प्रसाद स्वयं भोग लगाता।
प्रेम के नव राही,
का होते हम आदर्श
होते जब हम-तुम हम-राही,
अहोभाग्य हम दोनों के
बना दृष्टान्त जग आँखों पर रखता
ये सब होता, ये तब होता
जब प्रणय अंजाम पहुँचता।

जाना तुम याद रखना

तुम आंखों पर पलकें रखो
रंग बिखेरती सपने देखो
सहज, सुकून और आत्ममुग्धता
सब फलित हों, सब निश्चित हो
पर निश्छल जो मन तेरा है
यूं ही निश्छल मन रखना तुम
रखना यूँ ही मुस्कान होंठ पर
रहना यूँ ही मस्त नज़र की
गंगा जैसी हो, अंतः तेरा
काया निखरती ही रहे सदा
तुम बोलो तो शहद घुली
वो बातें अक्सर याद आएँगी
साथ तेरा कुछ पल ही वो
एहसास चैन का देने वाले
रह जाएंगे मेरे स्मृति में।

हँसता हुआ वो प्यारा चेहरा
नयन कहाँ मेरे भूलेंगे,
समय व्यतीत हो ढल जाएंगे,
मैं कहाँ? और तुम कहाँ?
प्रश्न ये रहने देते हैं
सुंदर यादों को अब
ह्रदय और स्याही में
हम नित भरते जाते हैं।
मन हो तो कभी रो लेना तुम
लग गले जब मिलते थे
ऐसे याद मुझे कर लेना तुम।

छोड़ो जी अब छोड़ो

छोड़ो जी, अब छोड़ो
बात तुम तक पहुँच चुकी है
जो तुम्हें कहना था
सो तुम कह चुकी हो
एक समय लगन लगी थी,
मुझसे रिश्ता अब बस इतना जोड़ो
आगे सब निर्वात रहने दो
छोड़ो जी, अब छोड़ो।

तुम्हें सितारे बना शब्दों से
रचना का आकाश गढ़ूंगा
मैं धरा पर गीतें गाकर
तुम्हे सरगम में प्रवाह करूँगा

पर इन सब किरदारों से,
तुम अपना मुख मत मोड़ो
मेरी चिंता हो, फिर भी छोड़ो
छोड़ो जी, अब छोड़ो।

माधव के जीवन में न राधा साथ हैं
मीरा भी बस रह गयी दीवानी
मुरली से बस राधा के तान हैं
मेरे शब्दों में मुरली से प्राण हैं
लय शब्दों की तुम मत तोड़ो
बाक़ी और, तुम छोड़ो
छोड़ो जी, अब छोड़ो।

तुम बस इतना सोचो कि
मेरी तेरे हृदय में कुछ जगह रहे
जब भी तेरे अश्रु बहें
मेरे भी कुछ अंश रहें।
मैं अश्रु चिन्हित कर दूंगा
तेरी आँखों के हिस्से के,
कैसे?
ये सब तुम मुझ पर छोड़ो
बाक़ी जीवन में आगे जाओ
छोड़ो जी, अब छोड़ो।

हमारी हिम्मत

धरती की क्या बात करूं
जहां सितारों पे बसाऊँ
पर परिंदो से नहीं तो क्या
हौंसलों से उड़ान भरूँ।

उन नज़रों की बात न करना
वहम जहाँ हो भय के
हम तो वो दीवाने हैं
जो चट्टानों से टकराते हैं

हम चलें उन राहों पर
जिनके खुद पदचिह्न बने
इतिहास नया हम लिखें
जिन पर दुनिया नाज़ करे।

तो ठीक है

तुम भूल जाओ तो ठीक है
तुम दूर जाओ तो ठीक है
ये लब प्यासे हैं
लब के दो बोल को
तुम प्यास बढ़ाओ
तो ठीक है।
तुम्हें देखूँ और मुस्कुराऊँ
तुम गुज़रे जो रस्ते से
देख मुस्कान तुम नज़र फेर लो
या आँखों की समझ नकारो,
पर हमें ये भान है
कि तुम्हें खबर है
पर बनो बेखबर, तो ठीक है

एक तुम्हें मैं स्वप्न बनाया
जो खुली आँखों से देखा था
अपने दिल के साँचे में
मैं ने तुमको डाला था
तुम साँचे को तोड़ो
चाहे विकृत कर डालो
तुम हाथ लगाओ दिल पर
तो ठीक है।

कब रहूंगा मैं वहाँ

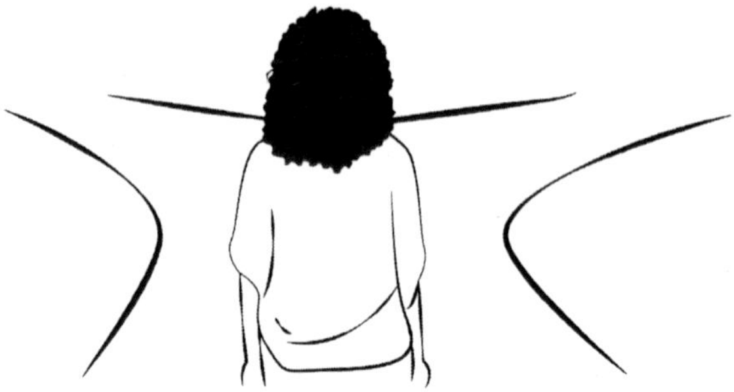

जब तुम गिरने लगोगे
जब तुम्हें ये लगेगा
चाहिए कोई सहारा
मेरे हाथ वहाँ होंगे सदा।
जब तुम थक कर रोओगे
मेरे कंधे होंगे वहाँ
जब तुम उदास होगे
उम्मीदों से निराश होगे
मेरे शब्द होंगे वहाँ।
जब भी कोई जोखिम लोगे,
बेचैन होंगे
मेरे हल होंगे वहाँ।
जब प्यार होगा या करोगे,
या ढूँढोगी कहीं प्यार
मेरा प्यार होगा वहाँ

जब तुम में घृणा उठे
हो गुस्सा मन में जब भी
तब भी मेरा चेहरा होगा वहाँ
पर जब तुम खोजोगी
कोई विकल्प और
------मैं नहीं होऊँगा कहीं!

उलझन बदलाव के

क्यों उलझनें यूँ
घेरती है मुझे
क्यों हसरतें जग रही है
मुझमें
यूँ पथ पर मिल गया है,
कोई पराया
राह तो जैसे रुक गयी है
मैं बढ़ूँ आगे, या हाथ उसे भी दूँ
नज़र मिलाऊँ, या फेर लूँ
उलझनें यूँ मुझमें बढ़ गयी है।

आजकल फिर से खिल रहीं हैं
कोंपलें मन के भीतर
लग रहा है छू रहीं हैं
नई शुरुआत मन के भीतर
उलझनें सुलझ रहीं
सुलझ कर उलझ रहीं
है कुछ बात मन के भीतर।

ये उलझन बदलाव की है
बेखबर इस बात से कि
अच्छा है या खराब
बदलाव हमेशा उलझन लाती है
पर है तो बदलाव ज़रूरी!

आहट

पांव फैलाये बैठा था कुर्सियों पर
वो दिखा नहीं, हाँ सुना मैंने
एक आहट
अगल-बगल झाँका
खुद में भी झाँका
दर्द थी या खुशी
बदलाव था या विकाश
पर थी वो एक आहट।
मैं सूक्ष्मदर्शी तो नहीं,
अन्तर्दर्शी भी नहीं
बस इतना तो ज़रूर है,
कि कुछ कह रही थी
वो आहट
गौर किया और गौर किया
हर जगह सुनी आहट
घर में, रिश्तों में, आदमी में
दोस्त में, मौसम में भी
स्वाद में, बर्तन में भी

प्रेम में,
साँस और धड़कन में भी
विषय में, काम में
जल में, आकाश में
अरे वहाँ भी,
प्राणवायु प्रवाह करते
प्यारे हरे-भरे वन में
सभी को लगी एक आहट।
पांव समेटा और खड़ा हुआ
तो दृश्य हुआ
ये तो संस्कृति की थी आहट
पाश्चात्य से धक्के खा रहे थे
अरे खा नहीं रहे थे
हम खिला रहे थे
अमर यौवन को, हमने बूढ़ापन
थोप दिया था, बेबस कर दिया था
अपनों से हीं चोट खा रहे थे
वो थी संस्कृति के आने
और जाने की आहट
अतः वो आहट सही थी
अब तो साफ भी हो रहा है,
पर है अभी आहट!
अब भी समय है
इस आहट को पहचानें
रोकें जो अपने हैं, जिसे रोकना है

क्योंकि अब भी वो
है तो बस एक आहट ही!

पुस्तक : एक मित्र

मित्र ही तो है, पुस्तक
चाहे अपने वर्ग
की हो पुस्तक
चाहे विद्वानों के
बारे में हो पुस्तक
चाहे धर्म ग्रंथ हो पुस्तक
चाहे मनोरंजन की हो पुस्तक
जब पढ़ते हैं
हम बातें हीं तो करते हैं, मित्र जैसे
मित्रता व्यक्ति से हो या पुस्तक से
हम वैसे ही तो होते हैं
जैसे मेरी मित्र, पुस्तक।
प्रेम की शुरुआत भी कराती है पुस्तक
पुस्तक आदान-प्रदान में
कुछ पंक्तियाँ समझने-समझाने में
साथ बैठ लाइब्रेरी में पढ़ने में
प्यार के क्षण को पढ़ाता ही है पुस्तक।
अब तो मोबाइल में पढ़ने लगे हैं लोग
कहाँ वो किताब के लेन-देन का
प्यार समझ पाएँगे
पन्नों को पलटने में मिल जाते थे
कभी सूखे फूल
कहाँ इन सबका मर्म समझ पाएँगे?

कविता मेरी बुला रही

रस भाव शब्द के तुम बनने को
गीत प्रीत के तुम बनने को
आ जाओ मुझसे प्यार करो
कि कविता मेरी बुला रही।

प्रीत के चेहरे सब देखेंगे
गीत जो तेरा हम लिखेंगे
झूठी क्यों न प्रीत हो तेरी
कविता का सच्चा दर्पण
बनने को तुम आ जाओ
आ जाओ आँखे चार करें
कि कविता मेरी बुला रही।

अव्यक्त को व्यक्त कराने
टूटे मन को हर्ष दिलाने
बीज को प्रस्फुटित कराने
आ जाओ बंजर भूमि पर
बारिश के जल बनकर
आँखों को सपने देने
आ जाओ जमीं का उद्धार करें
कि कविता मेरी बुला रही।

ज़रा देखें उसे

उसकी आँखों की गहराई देखूं ज़रा
गहराई समुन्दर की तो नहीं।
पलकें जो अभी-अभी
छायी थी आँखों पर
पंखुड़ी गुलाब की तो नहीं।

मदमाते माहौल में जो नशा है
उसके हुस्न की मदिरा तो नहीं।
मुस्कान जो कमल सी होंठ पर है
कहीं हूर का परीपन तो नहीं।

तृष्णा

मृगनयनी के नयन से
मदिरा छलक रही है
नाज़ुक तन से एक
ख़ुशबू आ रही है
अभी तो पी रहा था
उसके नयन से हाला
नाज़ुक तन की
क्यों मस्ती छा रही है?
मासूमियत की प्याली
वो सज कर खड़ी है
गुलाबी होंठ की
सुराही के संग पड़ी है
प्याली को कर में
उठाया अभी था
सुराही से पीने की
तृष्णा क्यों बढ़ रही है?

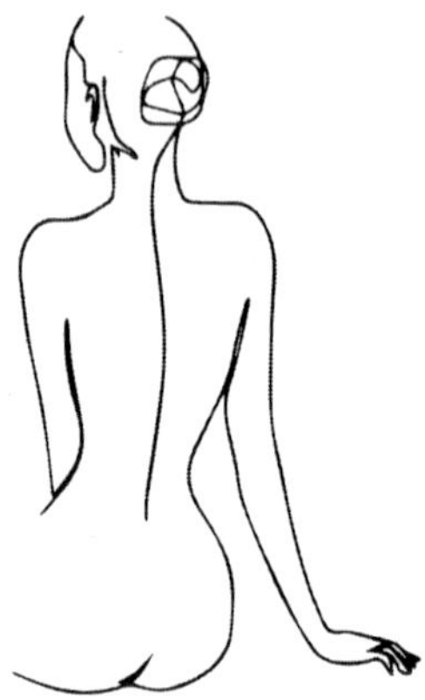

इशारा अज्ञात का

मैं जब भी अपने
रूप से दूर हुआ,
अपनी प्रकृति को
ताक पर रखा
जब भी खोया
अपनी चेतना को
पाया इशारा
उस अदृश्य स्रोत से
जो स्रोत हैं सर्वशक्ति के
समझ इशारा मैं
खुद को संभाल लूँ
हर बार व्यक्त न होंगे
हर बार इशारे न होंगे
हम लें संकल्प वो
जो अव्यक्त हैं
पर व्यक्त हैं इशारों में
हो जाएं कृतज्ञ
उन परम शक्ति के।

क्यों है इतना

आज हर कोई बेताब
क्यों है इतना?
सुकून से हट कर जीने की
हड़बड़ाहट क्यों है इतनी
ज़िंदगी की दरों-दीवार से
कदम उखड़ा क्यों
है इतना?

किसी की प्यार न करने
की हिदायत देखो
किसी को मोहब्बत के
नशे में झूमते देखो
इश्क दिल, जान और ज़मीर
के हिस्से हैं
कोई हवस के आगोश में
क्यों है इतना?

ज़िंदगी के सफर में
राह की पहचान देखो
मंज़िल के चमक का
इंतज़ाम देखो
असल मकसद से दूर
कर रहे जो परछाइयाँ
इन नोटों की परछाईयों
में लोग डूबे क्यो हैं इतने?

बूढ़ी पत्नी और कस्बा

बूढ़ी पत्नी है, सर चकरा रहा है
स्वयं बूढ़े तन लिए, व्याकुल मन लिए
क्या करें कुछ समझ नहीं आ रहा है
पत्नी है, बूढ़ी है
दुर्बलता देखी नहीं जाती
खुद दुर्बल हैं, पत्नी से अच्छे हैं
घर एक कस्बे में है
पैर लड़खड़ाते हैं कस्बे की
विकास की तरह
चेहरे पर बेचारगी उकेरी है
मोटे अक्षरों की तरह
कदम खींचा जा रहा है
वहाँ जो मेडिकल दुकान दिख रही है
अक्षर वो वाचित हो रहा है
कस्बे की उम्मीद सा
दवाई माँग रहा है

बूढ़ी पत्नी है, सर चकरा रहा है
वहाँ ना फार्मासिस्ट है
ना दवाई का ज्ञान है
बूढ़े हैं पर कहाँ भान है
मन में बस एक ही उद्देश्य
बूढ़ी पत्नी है सर चकरा रहा है।
कस्बा एक अच्छा शहर बनेगा
ऐसा ही विश्वास सा
एक दवाई बूढ़े हाथ को थमा दिया
लड़खड़ाते कदम में तेज़ी भर दी।
शायद मन में ये बुदबुदाये
कि बूढ़ी पत्नी है सर चकरा रहा है
ठीक हो जाएगी दवाई आ रही है
संवेदना को कलम ने
कविता सा आलेख दिया
कभी जो कॉपी के पिछले गत्ते पर
लिखी तीन चीज़ें नीति उपदेश सा पढ़ा
करता था
कलम रोशनाई का साथ छोड़ दिया
एक को सजीव होता जो देख लिया।

मैंने चुना

दीवारों के घेरे में
एक सन्नाटा सुना
दहलीज़ पे खड़े पैर की
आहट सुनी,
मन में घुमड़ती कुछ तस्वीरें
जो झुंझलाहट भर दे
उन व्यग्र उक्ति की
चिल्लाहट सुनी।

कुछ पैमाने ज़िंदगी के
हमने स्मरण कर
सकल, समग्र शक्ति जो
बना दे मूल मेरे सपनों का
लिखकर शब्द
मैंने कविता चुना।

सन्नाटे की आवाज़,
एक हूक थी
दीवारों की सीमा घेरा था
मर्यादाओं की
दहलीज़ पर की, आहट
चहक थी मंज़िल की

झुंझलाहट को त्याग कर
मैंने ऊर्जा का स्रोत चुना
सुना, देखा और
अहसास किया
वक्त की ज़रूरत पढ़ी
प्रेम की फुलवारी से
कुछ फूल चुने
शब्दों के कोलाहल में
चीं-चीं करते शब्दों से
मैंने कविता चुना।

प्रीत की भाषा

सरल मृदुल है प्रीत की भाषा
व्याकरण कठिन न बना देना
व्यक्त जो हो जाए भाव से
लिपि वही अपना लेना
कलम से जो लिखा जाये
शब्द नयन की अपना लेना
सरल मृदुल है प्रीत की भाषा
व्याकरण कठिन न बना देना।

रस्म रिवाज और रीत के बंधन
हैं तत्सम तद्भव देसज विदेशज
इन्हें प्रेम प्रीत में न लाना
परम पावन एहसासों को
पद्य में तुम सजा देना
सरल मृदुल है प्रीत की भाषा
व्याकरण कठिन न बना देना।

अभिलाषा

जब आँखों में सपने रखे
जब पाने की उमड़ी चाहत
फिर बढ़ गयी जीवन में आशा
डर भय रहे कुछ दूर खड़े
तब अपनी बन गयी अभिलाषा।

जब उठते ही गिर गया
जब चलते ही धक्का खाया
खुद के कुछ कर्तव्यों से
पर थी कुछ उर की पिपासा
और बनी फिर अभिलाषा।

खुद ही खुद को पा लोगे तुम
जी भर खुद में जी लोगे तुम
प्रेम जगत के लूटेंगे तुम पर
तुम रख लो अगर
अपनी एक अभिलाषा।

कृष्ण गोपियों के राजा
राधिका की भी अभिलाषा
रावण हरण किया सीता को
राम की ही रही वो सीता
जिनकी थी वो अभिलाषा।

पथिक, राह को चलने पर
मंज़िल दूर रहने पर
भ्रम के भंवर जाल में
फँस जाते जब आकांक्षी मन
रस्ते के हर मोड़ पर
फिरने को जब जी चाहे
पांव खींचते ही तुम्हें
मंज़िल की याद दिलाती
तुमको अपनी अभिलाषा।

क्या हुआ जो हार गए तुम
क्यों अँधेरों से डर गए तुम
जो है बाधा की ही परछाई
अंधेरे के आगे देखो,
रोशनी लिए खड़ी वहाँ है
तेरी ही तो अभिलाषा।

भादो की चाँदनी

शहर की चकाचौंध करती
लाइटों के बीच धूमिल
हो रहे चाँदनी को देखा
गाँव की छत पर
आँखे गराई मैंने चाँद पर
परिंदे आकाश से गुम हो गए
कुछ तारों की टिमटिमाहट
श्वेत हिम से बादल को चूम रहे
मन चाँद को देख झूम रहे।
दूर मंदिर में
कीर्त्तन के कहीं
बज रहे
झाल-मृदंग की आवाज़,
भादो में धान के खेत,
चाँद की चाँदनी को
हरियाली के आँगन में

आमन्त्रित कर रहे
चित्त आनन्द से भर रहे।
भादो के चाँदनी रात
अंतस में उजास,
आँखों में सुकून
भरती बीत गयी
शहर के कोलाहल
में फिर मेरे चाँद
और उसके चाँदनी
का है इंतजार
शायद वो आएगी
भादो के चाँद सी।

विविध

1

उनकी आँखों में जो मयखाना है
मेरी नज़रों में उन्हीं का पैमाना है
पीता रहा हूँ आजतक वही मय
जिसका प्यासा वर्षों से ज़माना है।

2

बैठूं मन भर बात करूं
लगे तुमसे मैं नज़दीक रहूँ
है ना ये बात सत्य कि ये
प्रारब्ध हमने कहाँ पायी है
पर उन क्षण को,
वो एहसास जीने को
संग मेरे कलम और रोशनाई है।

3
हो अंधेरा घणा तो
सूरज का निकलना तय है
हो पतझड़ परवान पर तो
बसंत का आना तय है।

4
वन उपवन और नदियाँ कल-कल
हिम निर्झर सौंदर्य धरा पर
नैसर्गिक पावन अनुभव से
हों हर्षित हर क्षण हर पल-पल।

5
यादों के लम्हें आँखों में बस जाते हैं
करता है जब भी कोई बात उसकी
क्यों लम्हें वो पानी बन जाते हैं।